AF224522

L б⁵⁶/₁₂₁₈

LES CONFÉRENCES

DE

SAINT-VINCENT DE PAUL

ET

LE SAINT MINISTÈRE

LETTRE

A SON EXCELLENCE

LE MINISTRE DE L'INSTRUCTION PUBLIQUE

ET DES CULTES

PAR

MGR PARISIS

ÉVÊQUE D'ARRAS, DE BOULOGNE ET DE SAINT-OMER

PARIS

JACQUES LECOFFRE, LIBRAIRE-ÉDITEUR

29, RUE DU VIEUX-COLOMBIER, 29

—

1861

LES CONFÉRENCES

DE

SAINT-VINCENT DE PAUL

ET

LE SAINT MINISTÈRE

Arras, le 21 novembre 1861.

MONSIEUR LE MINISTRE,

Je ne saurais regarder comme s'adressant à tout l'épiscopat les paroles par lesquelles, à l'occasion de certaines formes de langage, vous invitez un de nos illustres collègues, monseigneur l'évêque de Nîmes, à ne plus vous écrire sur les affaires religieuses.

A qui écririons-nous, si ce n'est à Votre Excellence? Ministre des cultes, n'êtes-vous pas placé tout près du trône, précisément pour nous y servir d'intermédiaire, et au besoin de défenseur?

J'aime à reconnaître que vous vous y occupez de nos intérêts matériels, de la restauration de nos édifices religieux, de la position du clergé secondaire, etc. Mais, monsieur le Ministre, vous savez très-bien que les intérêts matériels ne sont pas les seuls que nous ayons à défendre, ni conséquemment les seuls sur lesquels Votre Excellence ait à nous protéger.

En ce qui concerne l'enseignement, monsieur le Ministre, vous ne croiriez certainement pas que votre devoir se bornât à faire bâtir des lycées ou des maisons d'école. Vous cherchez encore à multiplier les moyens d'action sur les jeunes intelligences, pour faire pénétrer dans toutes les classes les connaissances dont la diffusion vous paraît utile à la société.

Je n'ai pas à discuter ici cette diffusion de ce qu'on appelle les lumières; je ne m'en sers que comme d'un point de comparaison, pour expliquer que, dans notre ministère surtout, la partie matérielle n'est que secondaire; et que, si cette profonde et divine parole : *L'homme ne vit pas seulement de pain*, est vraie pour tous, elle est surtout évidente pour le prêtre dans ses fonctions saintes, puisqu'elles n'ont d'autre but que de combattre l'erreur et le vice pour faire régner la vérité et la vertu. Or ce qui vient de se passer à l'égard des conférences de Saint-Vincent de Paul nous atteint précisément de ce côté, le plus délicat et le plus important de tous.

Assurément, monsieur le Ministre, si votre honorable collègue au département des finances voulait opérer quelque retranchement sur les traitements ecclésiastiques, déjà si inférieurs aux autres, je vous connais assez pour être sûr que vous useriez de toute l'énergie de votre parole auprès du conseil d'État, et ailleurs, pour empêcher ces réductions injustes, et vous les empêcheriez.

Pourquoi seriez-vous moins puissant pour nous, lorsque l'on tend à nous appauvrir dans un ordre plus élevé, dans les ressources déjà si faibles que nous avons pour soulager et moraliser les peuples?

On a prétendu que cette grande affaire ne nous regardait pas, puisqu'elle n'atteignait qu'une société laïque, et l'on n'a voulu voir dans les éloquentes réclamations de deux de nos vénérables collègues que des actes d'opposition au gouvernement.

Ceux qui ont tenu ce langage n'étaient pas sincères : ils savaient fort bien que tout l'épiscopat et tout le clergé catholique de France avaient été douloureusement affectés par la circulaire du 16 octobre; et je crois devoir, monsieur le Ministre, vous donner les raisons de cette douleur unanime, telle que je l'éprouve moi-même, dans la sincérité de ma conscience de chrétien et d'évêque.

D'abord, ayant vu de près depuis longtemps les soulagements admirables que les conférences, grâce à leur organisation, apportaient à toutes les misères de l'humanité; m'étant convaincu par une longue étude qu'il est absolument impossible à l'assistance officielle de remplacer les délicatesses infinies et les dévouements féconds de la charité libre, je me suis affligé sur mes frères souffrants, hélas! si nombreux partout, et j'ai plaint le gouvernement qui use de sa toute-puissance pour mettre la froide main d'une législation arbitraire sur ces saintes et toutes bienfaisantes intimités, pour troubler le cours inoffensif de ces incomparables consolations, enfin pour blesser du même coup et ceux qui les reçoivent et ceux qui les donnent, c'est-à-dire toutes les classes à la fois.

Nous pourrions certainement soutenir que même cette aumône corporelle rentre dans nos attributions de pasteurs, et réclamer, comme tels, contre des mesures qui auront pour premier effet de les tarir.

Mais j'aime mieux me borner à vous démontrer, monsieur le Ministre, combien la circulaire du 16 octobre porte préjudice à notre ministère spirituel, considéré seulement dans l'œuvre de la moralisation des peuples et du salut des âmes.

Votre Excellence ne peut pas ignorer que, pour remplir utilement aujourd'hui ces fonctions tout à la fois sociales et religieuses, nous avons besoin de mettre notre ministère en rapport avec les circonstances toutes nouvelles dans lesquelles le monde est entré.

Lorsque les peuples sont emportés loin de nous par tant d'agitations étourdissantes et par tant d'influences pernicieuses, il faut bien que les vrais pasteurs des âmes, selon le précepte formel du divin Pasteur, s'ingénient à rejoindre tant de brebis égarées et à les remettre dans la droite voie.

La Providence nous avait pour cela ménagé un secours précieux dans la société de Saint-Vincent de Paul. Nous y trouvions la facilité de former à la pratique des plus hautes vertus chrétiennes les hommes de tout rang qui en font partie, et de ramener, par eux, au moins à l'accomplissement du devoir, les pauvres qui y sont l'objet de leur dévouement.

En toutes choses, aujourd'hui surtout, c'est l'association qui rend fort, et contre les autres et contre soi-même. Quand on vit dans l'isolement d'une certaine aisance, on oublie facilement que beaucoup d'autres n'y sont pas, et, comme l'on ignore les souffrances d'autrui, on se tranquillise sur ce qu'on n'a pas l'occasion de les soulager.

Laissés à eux-mêmes, presque tous les membres des conférences de Saint-Vincent de Paul, ne trouvant pas à développer par l'exercice les instincts généreux qu'ils avaient en germe, se fussent renfermés dans l'honnête égoïsme d'une existence toute personnelle, et peut-être eussent livré la sensibilité de leur cœur à des inclinations regrettables.

Au contraire, une fois entrés dans la pieuse et charitable société des conférences, ils se sont préservés ou retirés de ces abaissements, par cela seul qu'ils ont été conduits à la visite habituelle et compatissante des pauvres. Car l'amour actif des pauvres, qui est un sentiment surnaturel, élève nécessairement l'homme au-dessus de lui-même et lui fait goûter des satisfactions intimes, si pures, si profondes, si vraies, qu'il n'a plus que de la répugnance pour les plaisirs grossiers.

Assurément c'est bien déjà quelque chose, monsieur le Ministre, même sous le rapport purement social, que

d'avoir réuni des milliers de citoyens, riches et in-
fluents pour la plupart, dans des œuvres dont le premier effet est de purifier le cœur et d'affermir dans le
bien.

Il en résulte ensuite un second avantage bien précieux pour nous, et bien digne aussi d'être apprécié par
les hommes d'État.

Les conférences de Saint-Vincent de Paul rapprochent
et réconcilient les conditions extrêmes.

Il est inutile d'insister sur l'antagonisme de ceux qui
ne possèdent pas contre ceux qui possèdent. C'est un fait
sur lequel personne ne s'abuse, et c'est toujours le plus
grand danger de notre époque.

L'envie est une passion implacable, surtout dans les
âmes grossières. Depuis bientôt un siècle on en a trop
soufflé le feu et communiqué le fiel aux classes infé-
rieures, pour que ce levain terrible ne fermente pas toujours plus ou moins au fond de leur nature.

Pour éteindre ces haines et détruire ces préventions,
il n'y a qu'un moyen, c'est de s'entrevoir pour parvenir
à s'entraimer. Or, c'est précisément ce que font les membres des conférences de Saint-Vincent de Paul, et ce que,
seuls, ils savent faire.

La visite des pauvres est leur œuvre capitale ; et que
de préjugés tombent devant des visites bienveillantes,
assidues et toujours désintéressées, surtout quand il s'y
joint de sages conseils, de douces paroles et d'utiles secours !

Ce qui irrite le pauvre, c'est qu'il se persuade qu'on
le méprise et qu'on n'en a nul souci. Ce qui le calme et
le relève dans sa propre estime, c'est de voir qu'on s'oc-
cupe de lui avec un intérêt affectueux et qu'on l'estime
au moins par quelque côté.

La religion seule apprend, non pas seulement à aimer
le pauvre, mais à l'honorer, parce qu'elle nous ordonne
de voir en lui l'image de Dieu, qui daigne regarder

comme fait à lui-même ce que l'on fait au moindre des siens.

Assurément, nul ne saurait le méconnaître, ce sont là des pensées grandes, saintes et de la plus haute portée sociale; seulement plusieurs s'efforcent de supposer que ce ne sont que des jeux d'esprit qui ne sortent jamais du domaine de la pure spéculation. Le plus bel éloge que je puisse donc faire de la société de Saint-Vincent de Paul, c'est d'affirmer, non-seulement que ses membres mettent partout ces pensées en pratique, mais qu'à force d'être pratiquées, elles sont entrées dans les habitudes de leur vie.

Que dire maintenant de l'amélioration morale des pauvres eux-mêmes par l'effet de ces belles et pures influences?

Hélas! il faut bien l'avouer, c'est aujourd'hui de ce côté que se trouve le plus de vices, et conséquemment c'est là que notre ministère rencontre, sinon le plus d'hostilité, au moins le plus d'inintelligence et de froideur.

Eh bien! oui, les membres des conférences de Saint-Vincent de Paul sont pour nous auprès du pauvre des auxiliaires bénis; non pas, comme on a osé le dire si indignement, qu'on l'oblige jamais à choisir entre l'hypocrisie et la famine, ce dont on ne trouvera pas un exemple, mais parce que les prévenances généreuses de ces fervents laïques le disposent favorablement pour tout ce qui touche à la religion, et, le plus souvent, ouvrent son cœur à l'action sanctifiante de notre ministère.

Quelques-uns diront peut-être que c'est pour cela même que les conférences sont frappées, que l'on craint la domination cléricale, que le clergé a déjà trop de puissance par lui-même et qu'on ne veut pas lui laisser, comme armée auxiliaire, un corps nombreux de laïques enrégimentés sous ses ordres.

Je redis cette odieuse objection, parce qu'elle a été

faite, mais je suis bien sûr qu'elle est en sens inverse des convictions et des vues de Votre Excellence.

D'abord la société de Saint-Vincent de Paul n'est pas du tout sous nos ordres ; elle n'est même pas sous ceux du Souverain Pontife, qui l'a bénie et enrichie d'indulgences, mais qui ne la dirige pas. C'est, comme on le dit très-bien, une société purement laïque, qui s'inspire sans doute de l'esprit de foi, mais qui vit en elle-même et par elle-même.

Elle nous rend spontanément de grands services auprès des pauvres ; mais dans quel sens ? Uniquement dans le sens que nous avons indiqué et qui est tout le but de notre sacerdoce : la moralisation des peuples et le salut des âmes.

Qui donc oserait prétendre que nous ne sommes pas prêtres pour cela ; ou bien, qui oserait soutenir que ce ministère, difficile dans tous les temps, puisqu'il a contre lui tous les mauvais penchants de la nature humaine, ne rencontre pas aujourd'hui des obstacles nouveaux dans le matérialisme des masses ?

Dire que nous avons trop de puissance, n'est-ce pas, sous ce rapport surtout, une amère dérision ? Hélas ! que d'âmes qui nous échappent, entraînées par l'égarement des passions ou le tourbillon des affaires !

Que de plaies morales, profondes, dévorantes, que nous ne parvenons pas à guérir !

Que de résistances rencontre notre zèle le plus pur et le plus modéré, même de la part de ceux qui devraient le seconder, puisqu'ils y ont leur intérêt !

Combien de fois dans ces durs et continuels travaux notre âme est abattue et nos efforts prêts à se décourager !

Et l'on voudrait que nous ne fussions pas pénétrés d'attachement et de reconnaissance envers une pieuse société qui nous vient si efficacement en aide, et qui, même parfois, nous supplée, en quelque sorte, dans le bien que nous devons chercher à faire!

N'est-ce donc pas elle qui, en nous conservant par ses patronages une jeunesse sage et craignant Dieu, prépare pour l'avenir des générations saines et fortes, honnêtes et consciencieuses?

N'est-ce pas elle qui, par l'œuvre de Saint-François-Régis, retire des malheureux conjoints d'une situation coupable, pour leur procurer les douceurs et les garanties d'un mariage, tel que la loi l'exige et tel que la religion le bénit?

N'est-ce pas elle qui, pour ces œuvres excellentes et pour tant d'autres, fait toutes les démarches, entretient toutes les correspondances, supporte tous les frais sans lesquels on ne réussirait pas et pour lesquels nous n'aurions ni le temps, ni les forces, ni les ressources nécessaires?

Et l'on ose dire qu'en l'atteignant, hélas! en la détruisant comme société, on ne nous porte aucun préjudice spirituel!

Non, vous ne le pensez pas ainsi, monsieur le Ministre, et vous, dont l'intelligence est si vive et la parole si forte au besoin, vous parlerez, vous agirez pour nous, et vous vous ferez un devoir de préserver de ce grand dommage les âmes qui nous sont confiées.

Mais, nous dit-on, quelle atteinte le gouvernement a-t-il portée aux conférences de Saint-Vincent de Paul? *Il leur a rendu pleine justice.* Il s'empresse de les autoriser sur la simple présentation des noms de leurs membres, c'est-à-dire sur la déclaration de ce qui déjà est connu de tous. Qui donc les empêche de fonctionner comme précédemment, de visiter les pauvres, de les soulager, de les moraliser, et de procurer ainsi aux pasteurs des âmes le concours, en effet très-utile, dont on a l'air de déplorer la perte, quand en réalité l'on n'en a rien perdu?

Voilà bien, en effet, ce que l'on répond à nos plaintes et à nos alarmes, mais il faudrait être singulièrement irréfléchi pour se tranquilliser ou se consoler sur de pareilles réponses.

Des œuvres comme les conférences de Saint-Vincent de Paul, qui ne se composent et qui ne vivent que de dévouements spontanés, qui n'ont l'appui d'aucun intérêt humain quelconque, ont besoin pour se soutenir de trois conditions dont elles avaient joui pleinement jusqu'à cette heure et dont on vient de les dépouiller, autant qu'on l'a pu, je veux dire : *la considération, la sécurité, l'organisation.*

La circulaire du 16 octobre les déconsidère, les menace et les désorganise.

1° Sans doute, quoi que l'on fasse, on n'ôtera jamais à cette admirable société la considération qui s'attache au mérite personnel de ses membres et à la valeur morale de ses innombrables bienfaits.

Mais il y a une manière cruelle et en quelque sorte infaillible de ternir même les réputations les plus pures et les œuvres les plus excellentes, c'est d'attaquer les intentions secrètes, c'est de nier la sincérité de la vertu, c'est d'attribuer les meilleures actions à des desseins coupables, enfin c'est de proclamer avec assurance que toute cette charité est un masque et tous ces hommes de bien des hypocrites.

Or, n'est-ce pas à cela que tend manifestement la circulaire du 16 octobre par rapport à la société de Saint-Vincent de Paul?

Il est bien vrai qu'elle ne jette pas du premier coup à tous les membres cet infâme soupçon. On ne s'attaque pas ainsi tout de suite à tout ce qu'il y a de plus honoré dans toutes les villes de France ; mais elle a fait déjà ce que toujours on fait d'abord quand on veut détruire une société, elle a lancé l'accusation contre les chefs, c'est-à-dire contre ceux que tous les autres membres ont acceptés pour leurs guides et regardent comme leurs modèles.

La circulaire a dit d'eux, à la face du monde, avec l'autorité qui s'attache au dépositaire d'un grand pouvoir public, elle a dit d'eux qu'ils voulaient *faire servir* leurs associés *d'instrument à une pensée étrangère à la bienfaisance, qu'ils prélevaient sur eux un budget dont l'emploi reste occulte.* Et, pour mieux être comprise, elle ajoute par voie d'insinuation que *la charité chrétienne n'a pas besoin pour s'exercer de se constituer sous la forme de société secrète.*

Voilà ce qu'a publié un ministre de l'Empereur dans le journal officiel; et, quand on réfléchit au poids immense qu'a maintenant, sur la pensée publique en France, une parole formelle du Gouvernement, je demande si la . considération qui avait environné jusqu'ici la société de Saint-Vincent de Paul n'en est pas fortement altérée, au moins dans un certain monde.

On leur ôte donc leur considération autant que possible ; mais on leur ôte bien plus efficacement leur sécurité.

2° Cette sécurité, les conférences de Saint-Vincent de Paul, considérées soit dans leurs réunions, soit dans leurs membres, l'avaient gardée entière jusqu'à ce jour.

Il est si naturel, quand on ne s'assemble que pour faire du bien, de n'avoir aucune crainte ! Et l'on devait croire cette tranquille confiance plus fondée que jamais après la parole solennelle de l'Empereur : *Il est temps que les bons se rassurent et que les méchants tremblent.*

N'ayant jamais été inquiétées par aucun gouvernement, même par les pouvoirs qui s'étaient montrés les plus défavorables à la religion, les conférences se rassemblaient à jours fixes, dans des lieux notoirement connus, sans soupçonner qu'il pût jamais être question de les poursuivre.

Mais depuis que tout récemment elles ont vu dissoudre,

sous de faux prétextes, leurs principaux conseils, comment peuvent-elles être elles-mêmes sûres de leur lendemain? Comment peuvent-elles répondre qu'à leur tour, pour des raisons quelconques, on ne viendra pas bientôt subitement les disperser?

Dans cette situation, comment compter sur l'avenir, et sans avenir comment fonder ou soutenir des œuvres?

Mais c'est surtout aux membres des conférences, considérés dans leur propre personne, que toute sécurité est ravie, principalement à ceux qui ont directement ou indirectement besoin des faveurs du pouvoir; et qu'ils sont nombreux ceux-là !

Jusqu'ici l'on avait cru que le Gouvernement, qui, dans tous ses actes officiels, fait abstraction des croyances et du culte professés par les citoyens, ne s'occupait pas plus des œuvres de charité que des pratiques de religion, et qu'il était sur ces deux points dans une égale indifférence, les abandonnant à la liberté de chacun. C'est tout ce que nous lui demandions. Mais cette opinion suffisante pour nous rassurer, est-ce qu'elle nous reste? Est-ce que maintenant on n'est pas autorisé à croire que les conférences de Saint-Vincent de Paul sont un objet d'antipathie pour le gouvernement de l'Empereur, qu'il les tolère uniquement parce qu'elles existent, et qu'il aimerait mieux qu'elles ne fussent pas?

Dans cette conviction, quel est le fonctionnaire public qui voudra désormais en faire partie? Ceux mêmes qui s'y trouvent engagés n'auront-ils pas besoin pour y rester d'un courage surhumain, et n'est-il pas probable qu'ils saisiront la première occasion pour en sortir? N'est-ce pas là ce qui se fait déjà?

Maintenant, quant aux jeunes gens qui débutent dans les carrières publiques et qu'il serait si bon d'environner de ces moyens de préservation et de ces encouragements au bien dont je parlais en commençant, que va-t-il arriver?

Les plus hardis consulteront leurs chefs et ils en recevront le conseil de ne pas entrer dans ces œuvres désavouées; les autres n'en feront même pas l'essai, et voilà toute cette brillante génération, qui serait le plus vif aliment des conférences, qui en est le seul espoir, dans une espèce d'impossibilité morale de s'y associer.

Et l'on dira que la circulaire n'y porte aucune atteinte! Qu'est-ce donc si nous examinons la désorganisation qu'on vient d'y introduire?

3° On retranche à la société son conseil supérieur et l'on dit aux conférences : Nous vous autorisons à vivre. Ainsi l'on coupe la tête au corps et l'on dit aux membres : Nous ne vous empêchons pas d'agir.

La société de Saint-Vincent de Paul s'est formée comme un arbre, par l'unité de sa tige, communiquant la séve à toutes les branches. Vous coupez le tronc, les branches se dessèchent forcément.

Ceux qui disent que les conférences particulières peuvent bien, sans le conseil supérieur, continuer à visiter et à soulager les pauvres comme précédemment, ne se comprennent pas eux-mêmes.

Les conférences n'existent que comme parties d'une œuvre collective. L'ensemble étant frappé de mort, toutes les parties périssent du même coup.

Veut-on dire que les conférences peuvent se reconstituer dans leur isolement et leur indépendance? Mais alors ce sont autant d'œuvres nouvelles à organiser qu'il y avait de villes, de bourgs et de villages en possession d'une conférence vivifiée par l'action centrale.

Et vous croyez que cela va se faire tout naturellement? Vous croyez qu'il y aura partout un organisateur assez habile pour créer, assez fort pour diriger cette œuvre qui ne tient plus à rien! Et vous ne voyez pas l'immense différence qu'il y a entre recevoir l'impulsion et la direction d'un centre, et se les imprimer à soi-même? Si l'on veut me permettre une comparaison, peut-être un peu trop matérielle, n'est-ce pas comme si, dans les grandes mécaniques, les filatures, par exemple, on voulait donner un mobile particulier à chaque partie tournante, au lieu du moteur puissant qui communique la rotation à toutes?

Je ne reviens pas sur ce qui a été si bien dit par d'autres; quant aux lumières et aux secours que l'on trouve dans les rapports d'une grande association, je m'en tiens à l'existence même des œuvres, et je dis que par la suppression du conseil supérieur :

1° Toutes les conférences, telles qu'elles ont existé jusqu'ici, sont supprimées et périssent comme telles;

2° Qu'un grand nombre cessera bientôt d'exister en fait comme en droit;

3° Que d'autres, après avoir continué quelque temps à fonctionner par suite d'un reste du grand mouvement antérieur, s'affaibliront peu à peu, faute de recrutement et de soutien;

4° Que, dans les grands centres, on pourra créer quelques œuvres analogues, mais précaires, désunies et dépendantes de mille accidents locaux;

5° Qu'en résumé, par la seule suppression du conseil supérieur, la société de Saint-Vincent de Paul, une des gloires de la France catholique, une des joies de l'Église entière, une des sources les plus abondantes de vertu pour les uns, de consolation pour les autres, est frappée de mort dans toutes ses parties, par cela seul qu'elle l'est dans son ensemble. Quelles qu'aient été les intentions, tel est le résultat.

Aussi, monsieur le Ministre, malgré tout ce qui s'est dit et fait, j'ai toujours l'espoir que ni l'Empereur ni son conseil ne voudront cette calamité, non plus que cette honte.

Non, si l'on a pris cette mesure, c'est qu'on n'en a pas vu toutes les conséquences, et sous ce rapport, vous aussi, monsieur le Ministre, avez pu être trompé. Je conjure donc Votre Excellence de lire attentivement et de soumettre à Sa Majesté mes humbles et pressantes réclamations pour la conservation de la société de Saint-Vincent de Paul par le rétablissement de son conseil supérieur, sauf la surveillance que le Gouvernement a toujours le moyen d'exercer sur tout.

Je pourrais trouver même dans l'ordre politique des raisons très-fortes à l'appui de ma demande, je m'en abstiendrai, comme je l'ai toujours fait depuis que j'ai cessé d'être membre des assemblées nationales.

Je me résume : Je désire fortement le maintien du conseil supérieur, parce qu'il est nécessaire à toutes les conférences; et je désire, comme pasteur, la conservation des conférences, parce que dans ces temps où notre ministère est plus laborieux et plus difficile que jamais, elles nous aident puissamment à développer et à perfectionner la vie chrétienne dans toutes les classes, en faisant répandre abondamment tous les bienfaits de la charité sur celles qui souffrent.

Quoi qu'il arrive, je n'aurai jamais à me repentir, ni devant Dieu ni devant les hommes, d'avoir déposé une telle supplique aux pieds du trône.

Agréez, monsieur le Ministre, l'assurance de ma respectueuse considération,

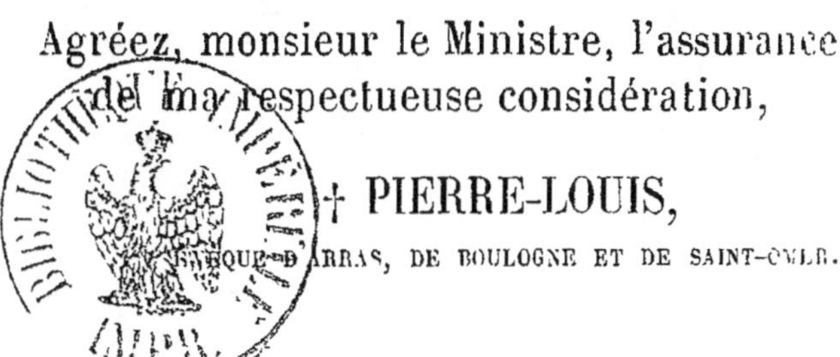

† PIERRE-LOUIS,

ÉVÊQUE D'ARRAS, DE BOULOGNE ET DE SAINT-OMER.

PARIS. — IMP. SIMON RAÇON ET COMP., RUE D'ERFURTH, 1

www.ingramcontent.com/pod-product-compliance
Lightning Source LLC
Chambersburg PA
CBHW051326050726
47595CB00008B/3719